NICKY e VERA

PETER SÍS

NICKY *e* VERA

O discreto herói do Holocausto e as crianças que ele salvou

Tradução de
Érico Assis

Companhia das Letrinhas

Nicky nasceu em 1909,

em um século muito promissor.

Na escola de Nicky, os alunos eram incentivados a praticar o que lhes interessava, não importava o que fosse.

Nicky descobriu que gostava de matemática, de colecionar selos, de fotografia e de esgrima.

Os alunos podiam ter todo tipo de bicho de estimação. Nicky tinha pombos.

Não importava qual fosse o interesse dos alunos, desde que se interessassem por alguma coisa.

Quando era jovem, Nicky viajou por toda a Europa.

Ele foi bancário.

Ele aprendeu alemão e francês, e também aprendeu a dirigir motos e carros, e a pilotar aviões.

Ele foi um exímio esgrimista e até entrou para a equipe olímpica.

Nicky e seus amigos conversavam sobre política. Eles estavam preocupados com a situação na Europa. Na Alemanha, o partido nazista comandado por Adolf Hitler estava montando um exército.

Em dezembro de 1938, Nicky tinha planos de tirar férias para esquiar, até que um amigo o chamou:

— Venha para Praga — ele disse.

Em 1938, Vera tinha dez anos.

Ela morava com a família em uma cidadezinha próxima à grande Praga.

Vera era a Rainha dos Gatos.

Ela adotava todo gato perdido que encontrava.

*Ela adorava
alimentar os
cavalos que
puxavam a
carroça de
seus pais.*

Vivia uma infância feliz.

Eles eram uma das poucas famílias judias da cidade. O que não importava. Todos eram amigos.

Vera ajudava sua avó, quase cega, quando ela vinha visitar. A avó de Vera lembrava do rosto da neta usando as mãos.

orgulhosos da jovem República da Tchecoslováquia.

Às vezes, quando a família visitava os primos em Praga, eles iam à sinagoga.

A família de Vera falava tcheco. Mas, quando os pais dela queriam trocar segredos, eles conversavam em alemão.

Um dia apareceu uma aluna nova na escola de Vera. Vera lhe deu um par de sapatos que tinha sobrando.
— Não tive tempo de pegar nada — disse a menina descalça.

De repente o celeiro e o porão da família estavam lotados de comida e roupas extras.
— Precaução — disse a mãe de Vera.

Tchecoslováquia, um local conhecido como Região dos Sudetos.

Quando estava visitando Praga, a mãe de Vera ouviu falar de um homem inglês que estava ajudando crianças da Tchecoslováquia a fugirem dos alemães.

Ela conversou com o pai de Vera e eles resolveram que a menina deveria ir para a Inglaterra.

Nuremberg

Anexação da Áustria

O tal homem inglês era Nicky.

Acordo de Munique

Ele percebeu que a guerra se aproximava e que precisava fazer alguma coisa. A Inglaterra permitia o ingresso de refugiados com menos de dezessete anos — se houvesse famílias para providenciar a viagem e os receber.

Noite dos Cristais

Nicky montou um escritório em um hotel de Praga.

Ele fez listas de crianças.
Ele pegou fotos das crianças.
Encontrou conexões de trem.

Os espiões estavam de olho.

Em janeiro, Nicky voltou para Londres.

Depois do trabalho, ele colocava anúncios nos jornais
em busca de famílias para receberem as crianças.

Ele solicitava vistos e organizava as viagens.
Às vezes pagava com o próprio dinheiro
e fazia seus próprios selos para envio.

Não havia tempo a perder.

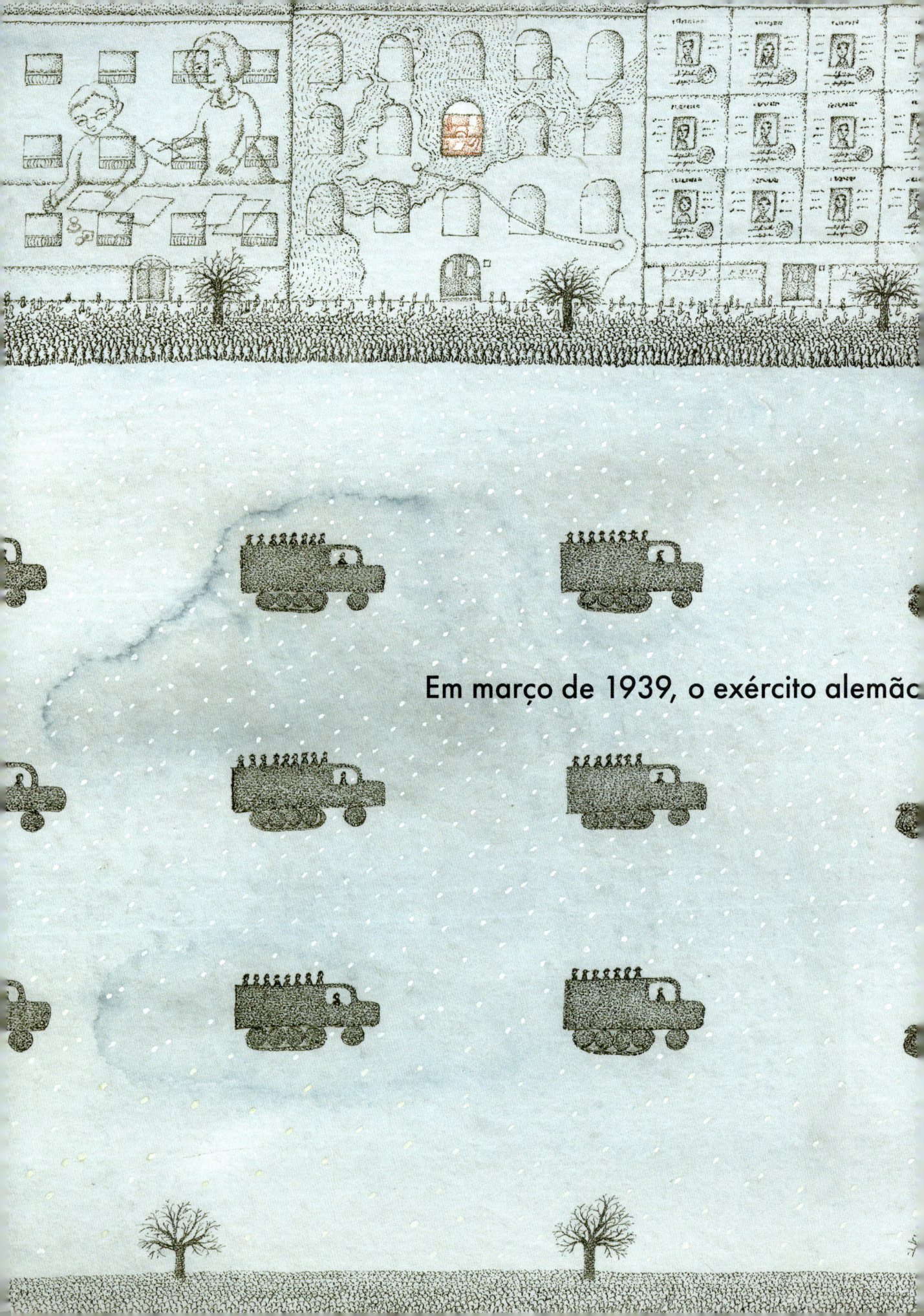

Em março de 1939, o exército alemão

invadiu o resto da Tchecoslováquia.

marcharam até a cidade de Vera.

Um dos soldados
foi à casa da
família e disse
que ia morar ali.
Também mandou
que parassem de
falar tcheco.

O pai de Vera
se recusou.
Vera jurou que
nunca falaria
alemão.

Chegou o dia de Vera partir.

Ela fez as malas.

O pai de Vera lhe deu um diário. Ele disse para ela escrever suas lembranças até poder voltar para reencontrá-los.

Ela se
despediu
dos avós.

E se despediu dos primos, que iam pegar
um trem para a Inglaterra mais tarde.

Setenta e seis crianças entraram no trem.

Vera se esforçou para não chorar.

Ela e as outras crianças não sabiam
o que seria do futuro.
Então, durante a viagem, elas
contavam as histórias de seu passado.

Depois de três dias e três noites, elas chegaram a Londres.

Famílias vieram buscar todas as crianças, menos Vera.
Ela ficou esperando no saguão vazio.

Sua nova família demorou, mas chegou.

Seiscentas e sessenta e

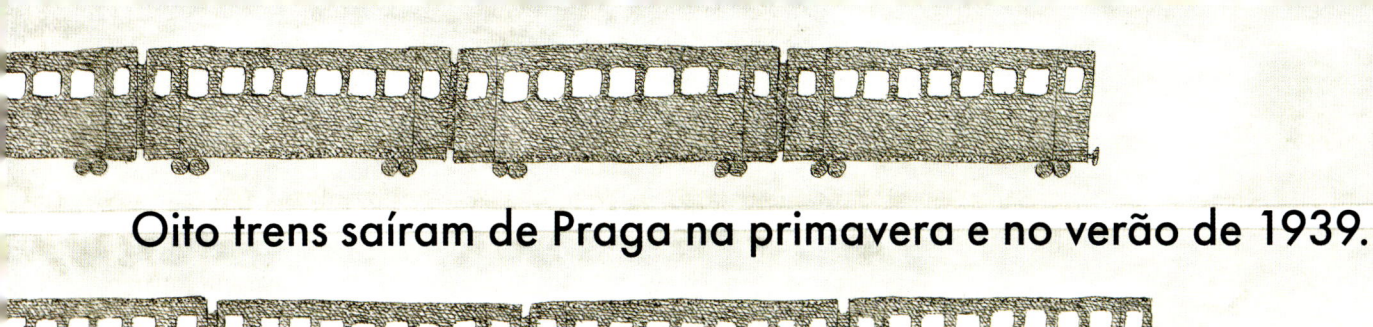

Oito trens saíram de Praga na primavera e no verão de 1939.

nove crianças de várias idades chegaram a Londres em segurança.

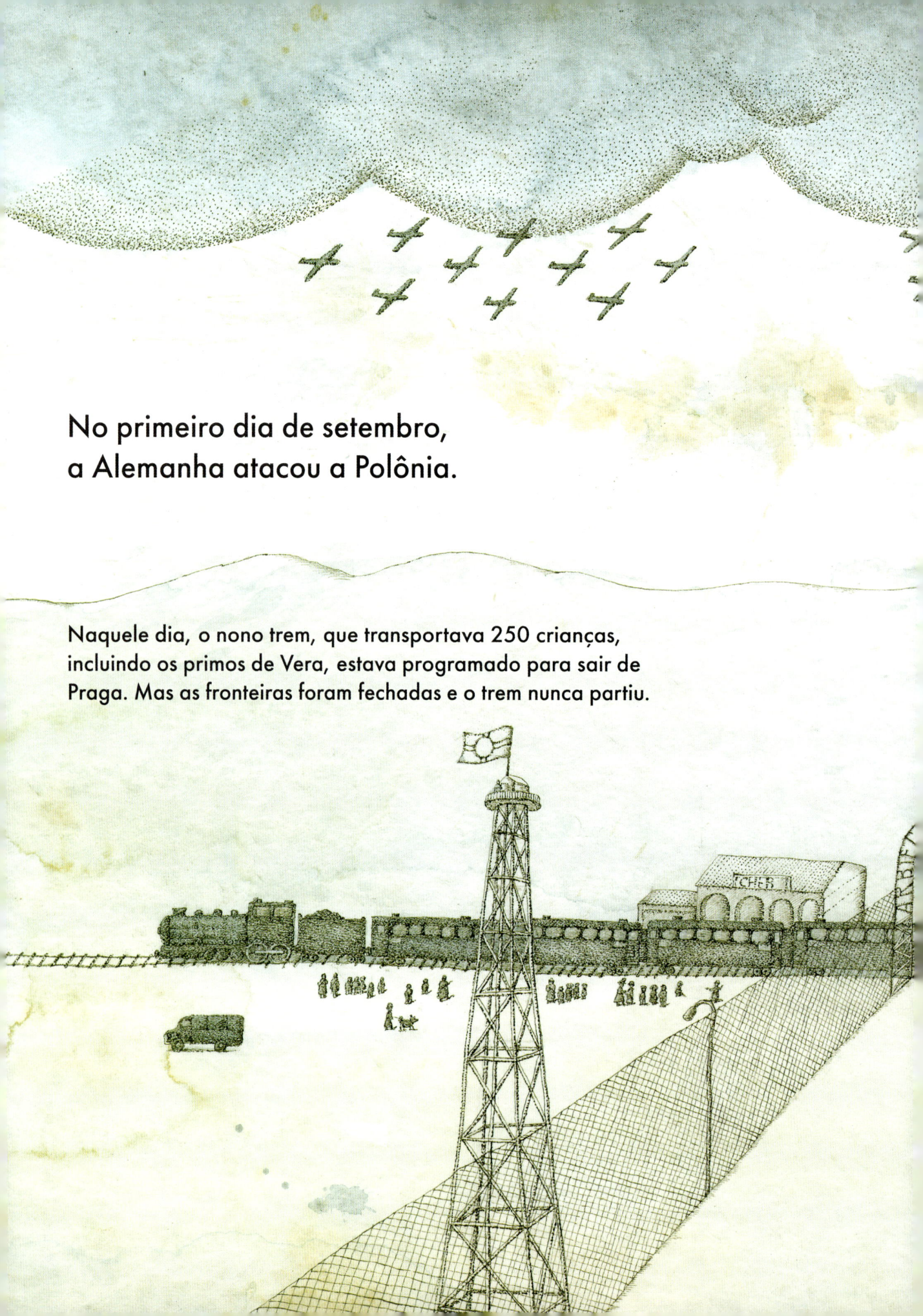

No primeiro dia de setembro,
a Alemanha atacou a Polônia.

Naquele dia, o nono trem, que transportava 250 crianças,
incluindo os primos de Vera, estava programado para sair de
Praga. Mas as fronteiras foram fechadas e o trem nunca partiu.

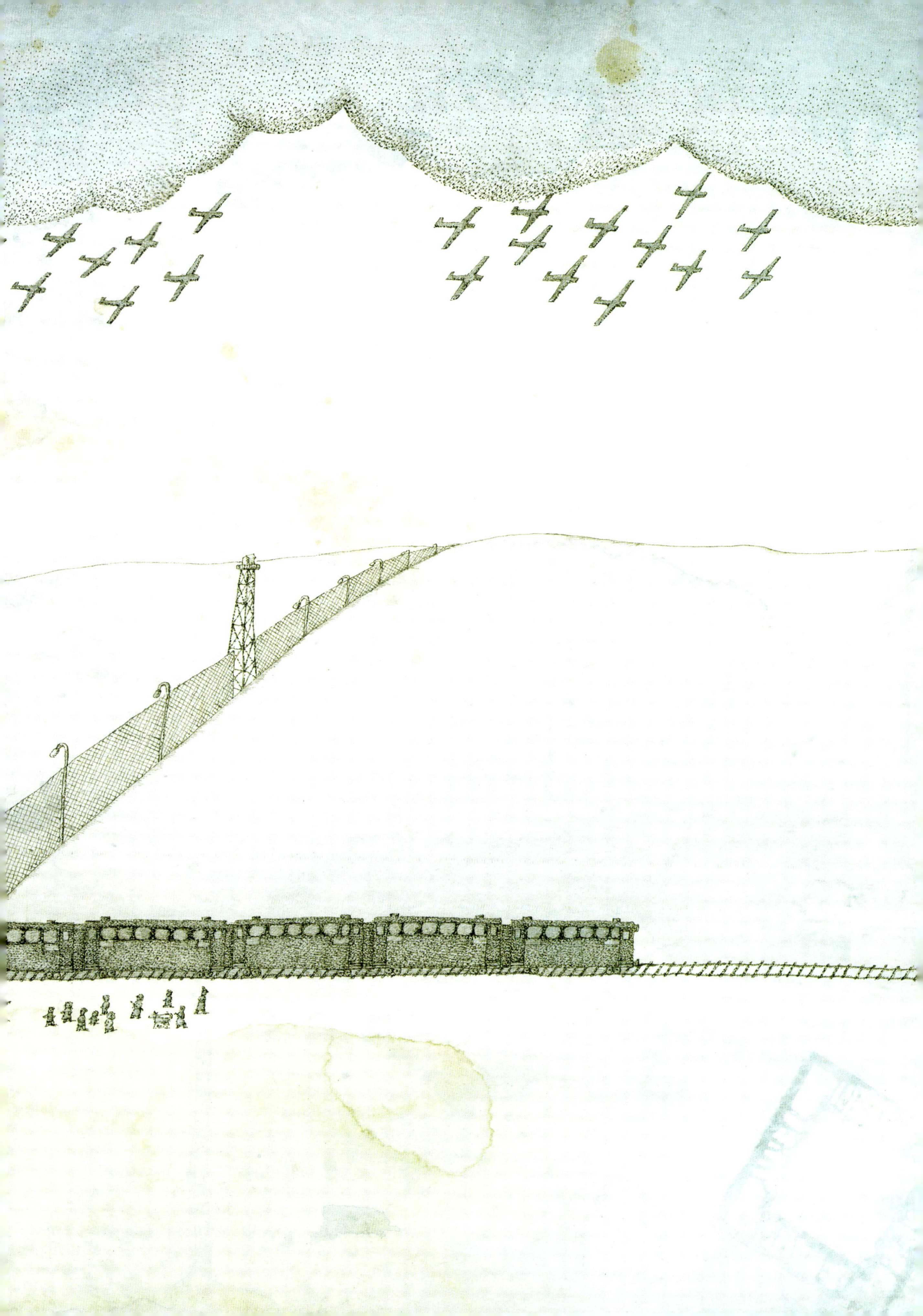

Nicky não tinha mais tempo.

Ele guardou seus registros.

Na guerra, ele serviu como
motorista de ambulância.

Ele saiu de barco da
cidade de Dunquerque,
na França, quando o
exército alemão avançou.

Vera escrevia em seu diário todos os dias.

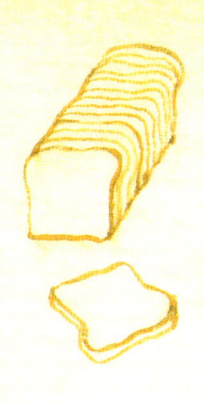

Ela aprendeu um idioma diferente.

Ela foi para uma escola diferente e
aprendeu a comer comidas diferentes.

A guerra estava em todo lugar. Ela não tinha notícias
da família. Torcia para que seus pais estivessem bem.

Quando a guerra acabou, Vera voltou para sua cidade.

A família dela não estava lá.

Seu pai e sua mãe haviam morrido. Seus primos também. Ela só encontrou a filhote de um de seus gatos.

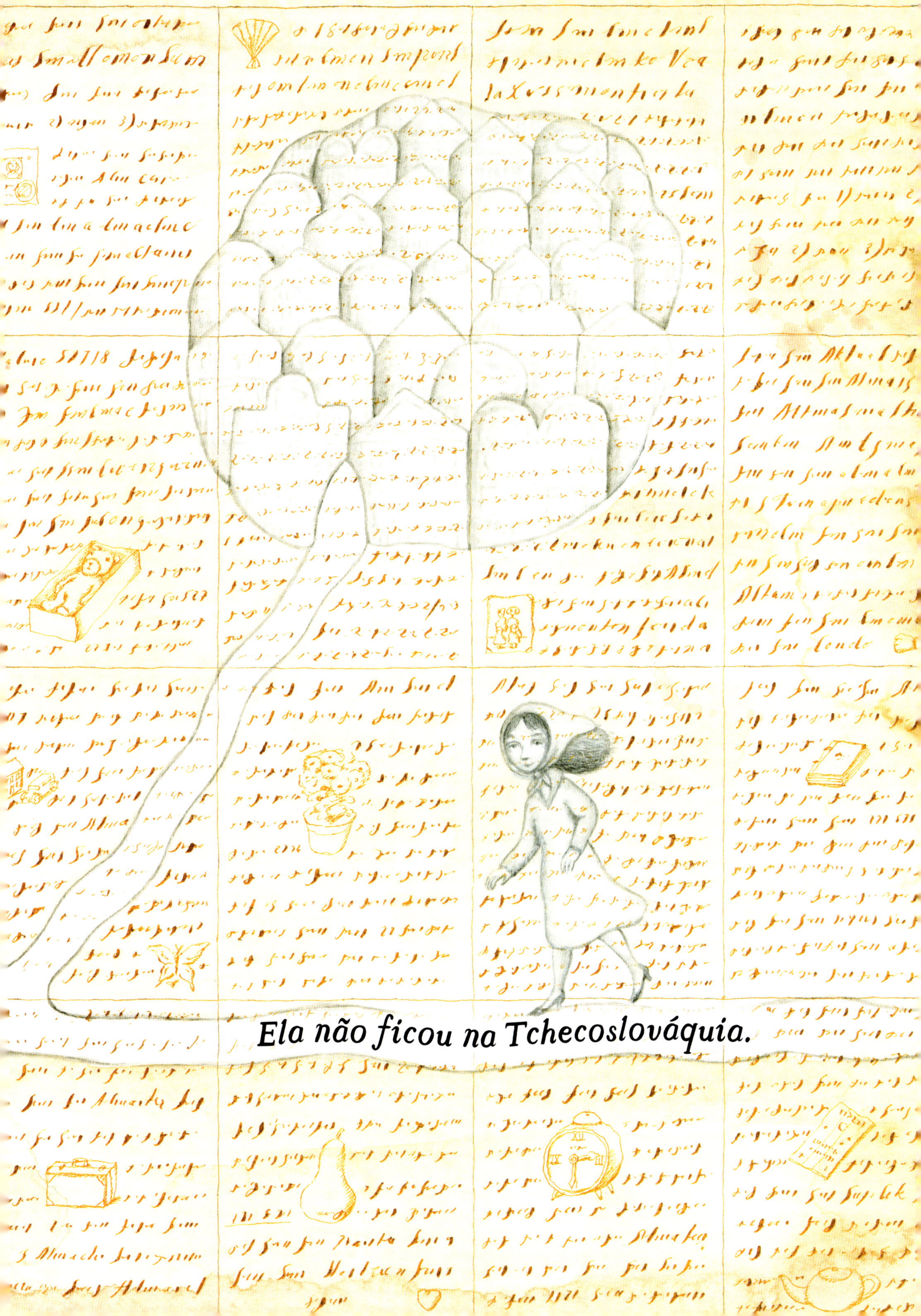

Ela não ficou na Tchecoslováquia.

Quatro anos depois, Vera voltou à Inglaterra.

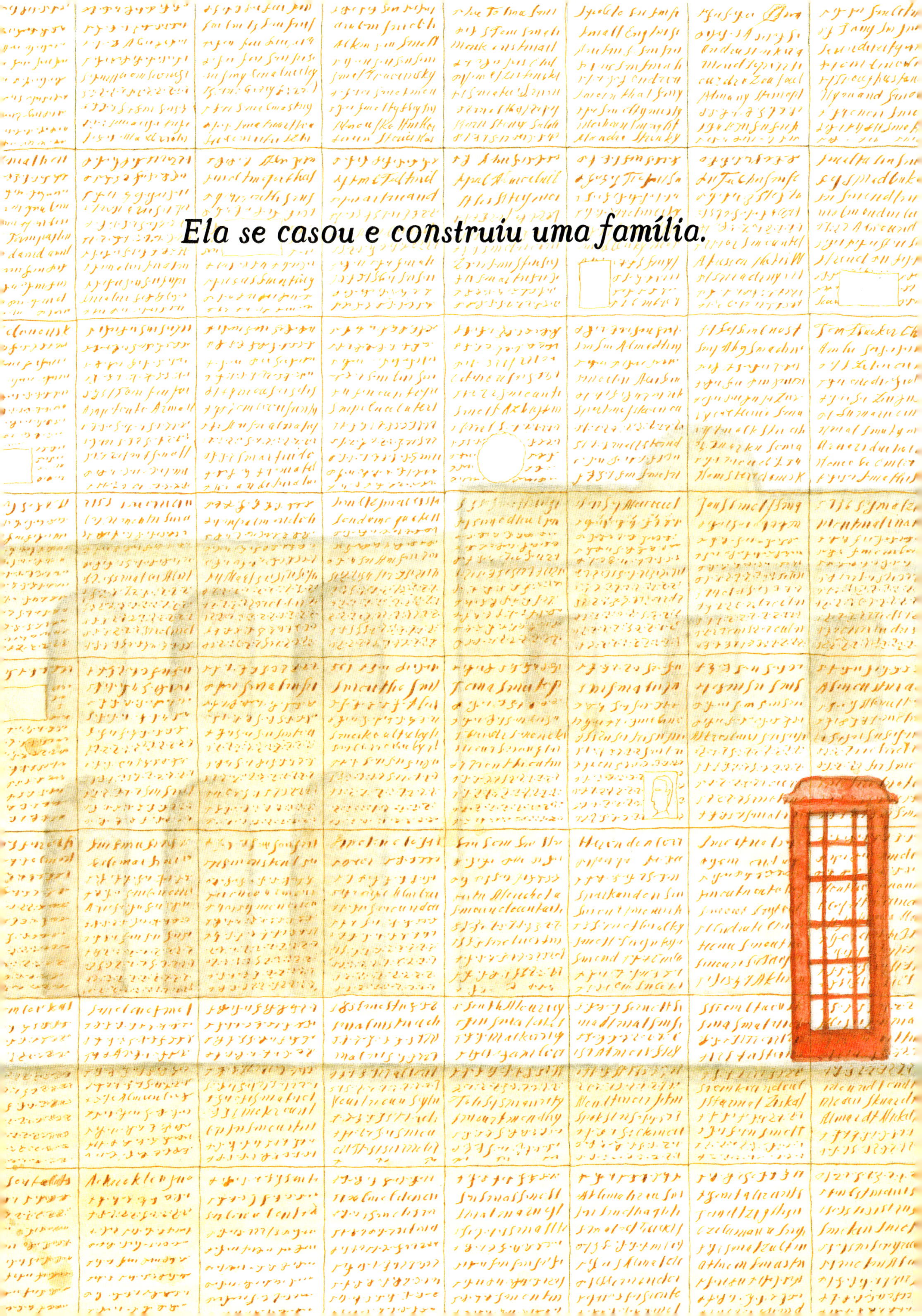

Ela se casou e construiu uma família.

Nicky levou uma vida tranquila.

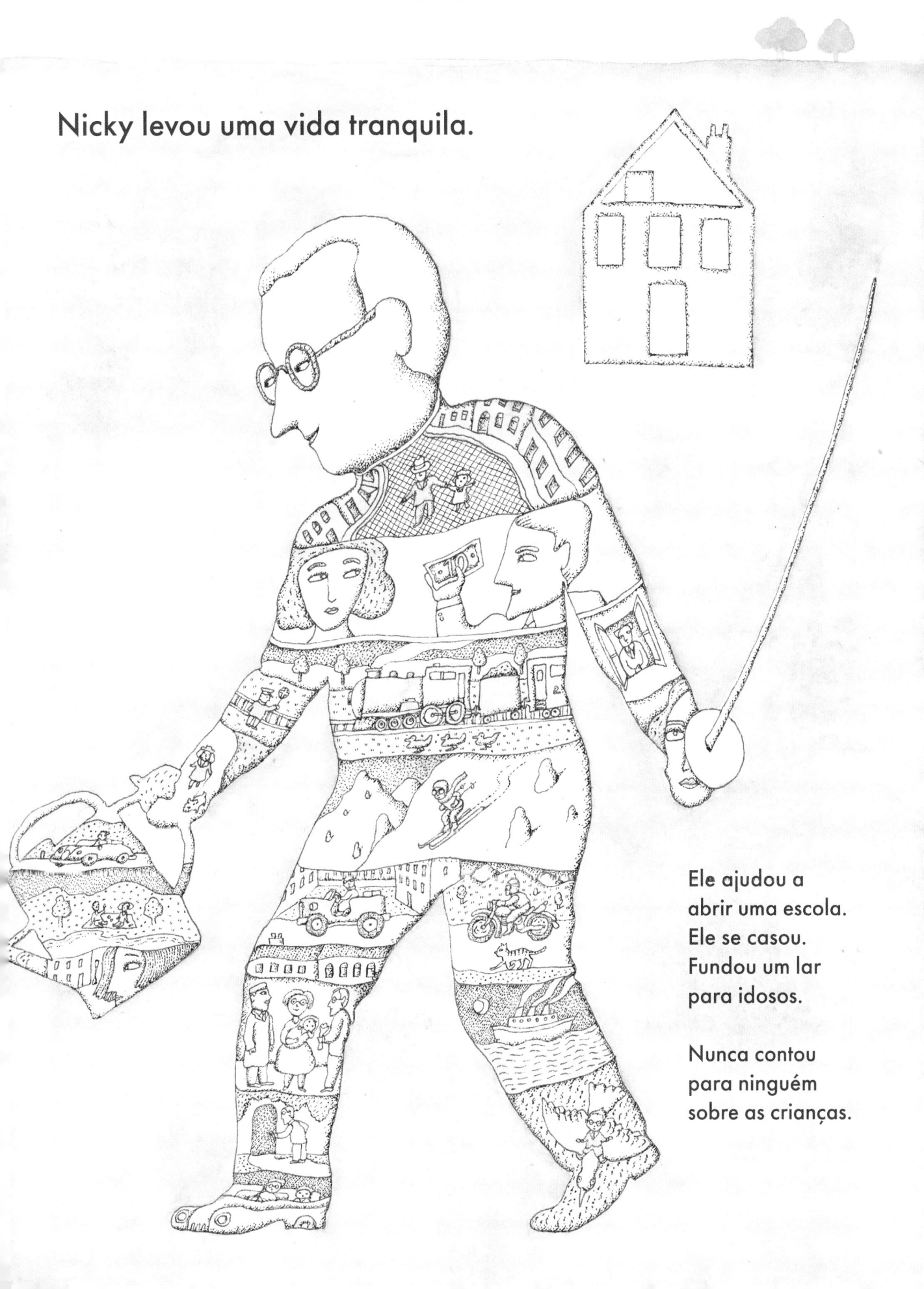

Ele ajudou a
abrir uma escola.
Ele se casou.
Fundou um lar
para idosos.

Nunca contou
para ninguém
sobre as crianças.

Quando Nicky já era idoso, sua
esposa encontrou os registros.

Um dia, ele recebeu um telefonema. Será que ele gostaria de reencontrar algumas pessoas que conhecera ao longo da vida?

Vera também recebeu um telefonema.
Ela gostaria de encontrar uns velhos amigos?

Nicky foi convidado para um programa

Ele não sabia, mas os velhos conhecidos com quem iria se encontrar eram algumas das crianças da guerra.

de televisão.

Vera era uma delas.
Ela se sentou ao lado de Nicky. Quando o apresentador contou a história dela, Vera se levantou.

Todos se levantaram.

669 crianças não teriam sobrevivido
sem a ajuda de Nicky, que foi até Praga e salvou suas vidas.

Eu não fui um herói, disse Nicky.

Não encarei nenhum perigo, como os heróis de verdade fazem.

Só fiz o que tinha que ser feito.

Nota do autor

Pais e filhos conversam sobre todo tipo de assunto. Quando meu filho Matej tinha quinze anos, fizemos uma viagem para Praga, onde eu cresci, e conversamos sobre heróis: o que é preciso para ser um herói (um herói de verdade, um herói dos esportes, um herói da Antiguidade, um herói do povo). Um dia, caminhando por Praga, acabamos no Museu Nacional (que é decorado com nomes de heróis nacionais da Tchecoslováquia). O saguão de mármore do museu estava cheio de pessoas animadas, na expectativa de cortar um bolo gigante com um trem de chocolate e as palavras TREM WINTON. Era uma festa para comemorar os cem anos do nascimento de Nicholas Winton. Entre as pessoas animadas estavam as "crianças" que ele havia resgatado de Praga, prestes a embarcar em um trem para fazer a mesma viagem a Londres que haviam feito setenta anos antes. Nicholas Winton as encontraria na estação de Liverpool Street. Ficamos assistindo e ouvindo e conhecemos toda a história. Fomos apresentados a um herói de verdade.

Como fui uma criança na Tchecoslováquia do pós-guerra, durante minha infância ouvi muitos pedaços de histórias sobre como as pessoas sobreviveram. Eu havia conhecido gente que dizia que os pais moravam em Londres ou que havia andado de trem, e uma amiga com quem estudei em Praga escreveu para mim mais tarde para contar que sua irmã mais velha estava na lista de Winton e deveria ter ido para Londres. "Um dia antes da partida, minha mãe decidiu tirar o nome dela da lista", ela escreveu. "Ela não conseguia aceitar que a filha de nove anos fosse viajar sozinha para um lugar desconhecido. Pouco depois, minha mãe e minha irmã mais velha foram transportadas para o campo de concentração de Terezín. Ambas sobreviveram. O lado positivo, se é que existe um, é que o fato de minha irmã não ter entrado no trem possibilitou que outra criança fosse em seu lugar — e, assim, as duas sobreviveram, apesar das condições diferentes."

Eu e Matej percebemos que aqueles acontecimentos estavam mais próximos das nossas vidas do que imaginávamos. Eu sempre pesquisei aventureiros, exploradores, inventores e sonhadores renomados. Mas ainda não tinha dado a atenção que devia aos heróis discretos e relutantes. Afinal de contas, Winton não contou o que havia feito até 1988. Descobrimos mais sobre sua história com os filmes de Matej Mianc e os livros de Vera Gissing e Ivan K. Backer — e com a imprensa, depois da famosa aparição no canal de televisão inglês BBC. Eis um homem que viu uma coisa errada e tomou uma atitude para corrigi-la, mas que nunca se considerou um herói.

Nicholas Winton nasceu em Londres, em 19 de maio de 1909. Seus pais eram de origem judia alemã e emigraram para a Inglaterra, onde se converteram ao cristianismo. Nicholas estudou no internato de Stowe, próximo a Londres, que havia sido inaugurado pouco tempo antes e oferecia uma educação moderna. Enquanto estudava em Stowe, Nicholas começou a praticar esgrima. Mais tarde, ele seria selecionado para a equipe britânica de esgrima que iria às Olimpíadas, mas os jogos foram cancelados quando a Segunda Guerra Mundial começou.

Depois de se formar, Nicholas trabalhou em bancos em Hamburgo, Berlim e Paris antes de voltar para Londres, onde trabalhou como corretor da bolsa. No final de 1938, ele planejava tirar férias para esquiar com um amigo, Martin Blake. Blake, porém, pediu para eles se encontrarem em Praga. Em outubro daquele ano, a Alemanha ocupou a região da fronteira com a Tchecoslováquia chamada Região dos Sudetos, e em novembro as casas e os comércios judeus foram atacados na Alemanha e na Áustria em uma noite que ficou conhecida como "Kristallnacht" (em português, "Noite dos Cristais"). Em dezembro, Praga tinha cerca de duzentas e cinquenta mil pessoas tchecas e judias em situação de refúgio, vivendo em condições precárias, passando frio. Nesse contexto Blake apresentou Nicholas a Doreen Warriner e a Trevor Chadwick, que, para ajudar as pessoas nessa situação, estavam organizando o Comitê Britânico de Refugiados da Tchecoslováquia. O governo britânico aceitaria receber pessoas em situação de refúgio com menos de dezessete anos desde que elas tivessem uma família para acolhê-las e cinquenta libras para a passagem de volta, assim poderiam ser repatriadas quando a crise terminasse. Existiam organizações que cuidavam da evacuação de crianças na Alemanha e na Áustria (conhecidas como "Kindertransport"), mas não na Tchecoslováquia.

Em Praga, Nicholas percebeu que havia muita burocracia e pouco tempo. Ele começou a anotar nomes e recolher fotografias. Conforme a notícia se espalhou, filas de pais — desesperados para mandar seus filhos para um lugar seguro — se formaram na frente de seu quarto de hotel.

Depois de três semanas em Praga, Nicholas voltou para Londres. Com a ajuda de sua mãe, ele colocou anúncios nos jornais à procura de famílias adotivas, arrecadou doações de dinheiro e solicitou

Nicholas Winton

vistos para as crianças. Quando o governo começou a demorar para emitir os vistos, ele os forjou. Enquanto isso, em Praga, Chadwick subornou autoridades ferroviárias, policiais e até o chefe da Gestapo (a polícia secreta alemã) para que permitissem que as crianças deixassem o país. O primeiro grupo partiu no dia 14 de março de 1939. Mais sete grupos partiram em sequência. No dia primeiro de setembro, porém, a Alemanha invadiu a Polônia, e a Segunda Guerra Mundial começou de vez. As fronteiras foram fechadas e o nono trem, que levaria duzentas e cinquenta crianças, não teve autorização para sair. Acredita-se que apenas duas crianças desse trem tenham sobrevivido à guerra.

Durante o conflito, Nicholas trabalhou como motorista de ambulância. Em 1940, ele e todo o exército britânico foram sitiados e evacuados das praias de Dunquerque, na França. Depois da guerra, ele trabalhou para o Comitê Internacional de Refugiados, levantando recursos financeiros para organizações judaicas, para o Banco Internacional em Paris e para instituições beneficentes no Reino Unido que apoiavam pessoas com deficiência e idosos. Enquanto trabalhava em Paris, conheceu uma dinamarquesa, Grete Gjelstrup. Eles se casaram e tiveram três filhos.

Durante quase cinquenta anos, Nicholas não contou a ninguém sobre as crianças que havia ajudado a resgatar. Em 1988, Grete encontrou álbuns de recortes que ele havia guardado com os registros delas. Nicholas achou que não tinham mais importância e sugeriu que ela os jogasse fora. "Você não pode jogar esses documentos no lixo", ela disse. "São as vidas dessas crianças."* Grete entrou em contato com pesquisadores para tentar localizar algumas daquelas crianças, o que levou ao convite para Nicholas participar de um famoso programa de televisão da Inglaterra chamado *That's Life*, no canal BBC. Sem que Nicholas soubesse, dezenas de crianças — então adultos e idosos — estavam na plateia. Quando o apresentador perguntou "Tem alguém aqui que deve sua vida a Nicholas Winton?", essas pessoas se levantaram.

Nicholas recebeu muitos prêmios e honrarias, incluindo a cidadania honorária de Praga, que lhe foi outorgada pelo próprio presidente da República Tcheca, Václav Havel. Nicholas morreu aos 106 anos em 2015.

Uma das "crianças de Winton", como elas passaram a ser chamadas, era Veruška (Vera) Diamantova, que contou sua história em um livro e em diversas entrevistas. Vera nasceu em 1928 e cresceu em Celakovice, uma cidadezinha ao lado de Praga. No dia 1º de julho de 1939, pouco depois de completar onze anos, Vera deixou Praga com a irmã mais velha, Eva, no sétimo grupo de crianças que viajou para Londres. Ela ficou na casa de uma família em Liverpool, e depois foi para uma escola para tchecos em situação de refúgio em Gales. Seu pai, depois de passar a maior parte da guerra em um campo de concentração nazista, levou um tiro e morreu. Sua mãe foi prisioneira nos campos de concentração de Auschwitz e Belsen, mas sobreviveu à guerra. Ela morreu de tifo pouco tempo depois, antes de Vera conseguir voltar. Quando Vera voltou à Tchecoslováquia, em 1945, encontrou apenas uma tia — e a filhote de um de seus gatos, que havia sido adotada por um vizinho. O restante de sua família não havia sobrevivido.

Vera deixou a Tchecoslováquia e foi para a Inglaterra pela segunda vez em 1949, um ano depois de o governo comunista pró-soviético assumir o poder. Ela viveu na Inglaterra pelo resto da vida, onde se casou e teve três filhos. Seu livro *Pearls of Childhood* (em português, "Pérolas da infância") — baseado em seus diários — e as muitas entrevistas que deu foram as inspirações para a história contada neste livro.

Entre outras das crianças de Winton estão o diretor de cinema Karel Reisz; Hugo Marom, um dos fundadores da Força Aérea Israelense; a geneticista Renata Laxova; a poeta Gerda Mayer; a chef de cozinha e entusiasta da cultura tcheca Milena Grenfell-Baines; e o político Alfred Dubs. Quando fez parte do Parlamento Britânico, Dubs defendeu e promulgou legislações para proteger o sustento de crianças em situação de refúgio durante a crise europeia de 2015 e 2016.

* MCFADDEN, Robert D. "Nicholas Winton, que salvou 669 crianças do Holocausto, morre aos 106". *The New York Times*, 1º de julho de 2015.

PETER SÍS nasceu em Brno, na Tchecoslováquia, e fez faculdade em Praga e Londres. Mais tarde, se mudou para os Estados Unidos, onde teve asilo concedido e se tornou cidadão em 1989. Muitos de seus livros foram premiados com o selo Caldecott, como O muro (2012). É ganhador do Hans Christian Andersen, principal prêmio da literatura infantojuvenil mundial. Além de O muro, a Companhia das Letrinhas também publicou A conferência dos pássaros (2013), O piloto e o Pequeno Príncipe (2015), Férias com sorvete (2017) e Robinson (2019).

Bibliografia

BACKER, Ivan K. *My Train to Freedom: A Jewish Boy's Journey from Nazi Europe to a Life of Activism.* New York: Skyhorse, 2016.

GISSING, Vera. *Pearls of Childhood.* New York: St. Martin's Press, 1989.

MINAC, Matej, dir. *The Power of Good: Nicholas Winton.* 2002.

"Vera Gissing: April 22, 2006". Entrevista ao dr. Sidney Bolkosky. Arquivo Visual/Auditivo de Histórias Orais de Sobreviventes do Holocausto da Universidade de Michigan-Dearborn. Disponível em: <http://holocaust.umd.umich.edu/gissing/>, acessado em março/2024.

WINTON, Barbara. *If It's Not Impossible…: The Life of Sir Nicholas Winton.* Kibworth, Leicestershire: Troubador, 2014.

Copyright do texto e das ilustrações © 2021 by Peter Sís

Grafia atualizada segundo o Acordo Ortográfico da Língua Portuguesa de 1990, que entrou em vigor no Brasil em 2009.

Título original
NICKY & VERA: A QUIET.HERO OF THE HOLOCAUST AND THE CHILDREN HE RESCUED

Foto
NICHOLAS WINTON
(cortesia de Barbara Winton)

Projeto gráfico
PETER SÍS e ANN BOBCO

Revisão
BONIE SANTOS
WILLIANS CALAZANS

Tratamento de imagem
AMÉRICO FREIRIA

Todos os direitos desta edição reservados à
EDITORA SCHWARCZ S.A.
Rua Bandeira Paulista, 702, cj. 32
04532-002 — São Paulo — SP — Brasil
☎ (11) 3707-3500
www.companhiadasletrinhas.com.br
www.blogdaletrinhas.com.br
/companhiadasletrinhas
@companhiadasletrinhas
/CanalLetrinhaZ

Dados Internacionais de Catalogação na Publicação (CIP)
(Câmara Brasileira do Livro, SP, Brasil)

Sís, Peter
    Nicky e Vera : O discreto herói do Holocausto e as crianças que ele salvou / Peter Sís ; [ilustrações do autor] ; tradução de Érico Assis. — 1ª ed. — São Paulo : Companhia das Letrinhas, 2024.

    Título original: Nicky & Vera: A Quiet Hero of the Holocaust and the Children He Rescued
    ISBN 978-65-5485-041-4

    1. Crianças judias no Holocausto — Literatura infantojuvenil 2. Guerra Mundial, 1939-1945 — Crianças — Resgate — Literatura infantojuvenil 3. Guerra Mundial, 1939-1945 — Judeus — Resgate — Literatura infantojuvenil 4. Winton, Nicholas, 1909-2015 — Literatura infantojuvenil I. Título.

24-198218   CDD-028.5

Índices para catálogo sistemático:
1. Crianças judias : Holocausto judeu : Literatura infantil 028.5
2. Crianças judias : Holocausto judeu : Literatura infantojuvenil 028.5

Cibele Maria Dias — Bibliotecária — CRB-8/9427

FSC
www.fsc.org
MISTO
Papel produzido a partir de fontes responsáveis
FSC® C121203

A marca FSC® é a garantia de que a madeira utilizada na fabricação do papel deste livro provém de florestas que foram gerenciadas de maneira ambientalmente correta, socialmente justa e economicamente viável, além de outras fontes de origem controlada.

Esta obra foi composta em Futura PT e Aneta Pro e impressa pela Gráfica Corprint em ofsete sobre papel Couché Design Matte da Suzano S.A. para a Editora Schwarcz em junho de 2024